BEI GRIN MACHT SICH IHR WISSEN BEZAHLT

- Wir veröffentlichen Ihre Hausarbeit, Bachelor- und Masterarbeit

- Ihr eigenes eBook und Buch - weltweit in allen wichtigen Shops

- Verdienen Sie an jedem Verkauf

Jetzt bei www.GRIN.com hochladen und kostenlos publizieren

Planung einer Wirbelsäulengymnastik

Bibliografische Information der Deutschen Nationalbibliothek:

Die Deutsche Nationalbibliothek verzeichnet diese Publikation in der Deutschen Nationalbibliografie; detaillierte bibliografische Daten sind im Internet über http://dnb.d-nb.de abrufbar.

ISBN: 9783346652621
Dieses Buch ist auch als E-Book erhältlich.

Druck und Bindung: Books on Demand GmbH, Norderstedt Germany
Gedruckt auf säurefreiem Papier aus verantwortungsvollen Quellen

Das vorliegende Werk wurde sorgfältig erarbeitet. Dennoch übernehmen Autoren und Verlag für die Richtigkeit von Angaben, Hinweisen, Links und Ratschlägen sowie eventuelle Druckfehler keine Haftung.

Das Buch bei GRIN: https://www.grin.com/document/1217855

Deutsche Hochschule für

Prävention und Gesundheitsmanagement

Hermann Neuberger Sportschule 3

66123 Saarbrücken

Einsendeaufgabe

Fachmodul: Gruppentraining 1

Studiengang: BFÖ

Semester: **WS 2016**

Inhaltsverzeichnis

1 Motorische Fähigkeiten im Kursbereich

1.1 Kraft

1.1.1 Definition und Erscheinungsformen

Die motorische Fähigkeit Kraft ist wie folgt definiert: „Kraftfähigkeit ist die konditionelle Basis für Muskelleistung mit Krafteinsätzen, deren Werte über 30 Prozent der jeweils individuell realisierbaren Maxima liegen" (Eifler, 2016, S.21). Generell gibt es drei Erscheinungsformen der motorischen Fähigkeit Kraft. Diese sind Maximalkraft, Kraftausdauer und Schnellkraft. Die Maximalkraft beschreibt die Kraft, welche maximal bei einer gezielten Anspannung auszuüben ist. Die Schnellkraft hingegen beschreibt die Fähigkeit innerhalb eines kurzen Zeitraums möglichst viel Kraft zu entfalten. Bei der Kraftausdauerfähigkeit geht es darum Widerstand gegen die Ermüdung der Muskulatur bei einer dynamischen oder statischen Beanspruchung, die über 30 Prozent der Maximalkraft ausmacht, zu leisten. Ziel ist es den Kraftverlust für eine vorgegebene Anzahl an Wiederholungen möglichst gering zu halten (vgl. Eifler, 2016, S.21f.).

1.1.2 Beschreibung an konkreten Übungsbeispielen

Die motorische Fähigkeit Kraft besonders die Erscheinungsform Kraftausdauer wird im Gruppentraining geschult. Im Folgenden wird dies anhand von zwei Übungen, verdeutlicht. Die erste Übung kräftigt Musculus pectoris major, Musculus Triceps brachii und Musculus deltoideus pars clavicularis und wird als Liegestütz bezeichnet. In der Ausgangsposition liegt der Trainierende in Bauchlage auf der Matte. Der Körper ist ganz durchgestreckt und die Hände werden auf Höhe der Brust schulterbreit und zeigen mit den Daumen zum Sternum. Darauf folgt die Ausführung der Übung bei der eine Extension des Ellenbogengelenks stattfindet und der Rumpf hebt vom Boden ab bis die Ellenbogen fast durchgestreckt sind. Hierbei handelt es sich dann um die Endposition. Um nun wieder in die Ausgangsposition zu gelangen wird in der Gegenbewegung eine Flexion des Ellenbogengelenks durchgeführt bis der Rumpf beinahe den Boden berührt. Es ist zu beachten das während des Herablassens des Oberkörpers eingeatmet wird. Beim Hochdrücken hingegen atmet der Trainierende aus. Es gilt den Körper während der Übungsausführung unter Körperspannung zu halten. Diese Übung erfolgt mit einer Bewegungsgeschwindigkeit von 2-0-2. Als Satzanzahl sind drei Sätze zu je 15 Wiederholungen angesetzt um die Kraftausdauer optimal zu schulen. Die Belastungsdauer beträgt 60 Sekunden. Die zweite Übung ist die Kniebeuge. Sie kräftigt den Musculus quadriceps femoris, Musculus gluteus maximus und den Musculus biceps femoris. Die Ausgangsposition beschreibt sich durch vor dem Körper gestreckte Arme, ein Stand der etwas breiter als schulterbreit ist und parallel nach vorne zeigende Fußspitzen. Nun folgt die Bewegung an sich. Erst wird das Gesäß nach hinten verlagert. Darauf folgt eine Flexion der Kniegelenke, welche weiterhin nach außen zeigen. Diese Bewegung wird möglichst tief abgesetzt. Die Grenze ist erreicht, wenn sich das Hüftgelenk unterhalb der Knie befindet. Hiermit beschreibt sich auch die Endposition dieser Übung. In die Ausgangsposition gelangt der Trainierende wieder durch eine Extension des Kniegelenks bis in den aufrechten Stand. Während der Flexion atmet der Trainierende ein und bei der Extension wieder aus. Die Dauer dieser Übung ist mit 2-0-2 beschrieben und es werden 4 Sätze zu je 20 Wiederholungen trainiert. Dies garantiert eine Belastungszeit von 80 Sekunden.

1.2 Ausdauer

1.2.1 Definition und Untergliederung

Eine weitere motorische Fähigkeit ist die Ausdauer. „Ausdauer ist die Fähigkeit, physisch und psychisch lange einer Belastung zu widerstehen, deren Intensität und Dauer letztendlich zu einer unüberwindbaren (manifesten) Ermüdung (= Leistungseinbuße) führt, und/oder sich nach physischen und psychischen Belastungen rasch zu regenerieren" (Eifler, 2016, S.24). Sie lässt sich in allgemeine und lokale Ausdauer unterteilen, dabei entscheidet die beteiligte Muskelmasse um welche Kategorie es sich handelt. Ebenfalls findet eine Unterteilung bei der Energiebereitstellung statt. Hier unterscheidet man zwischen aerober und anaerober Ausdauer. Zu beachten gilt arbeiten die Muskeln oxidativ, dann handelt es sich um aerobe Ausdauer. Ist dies nicht der Fall wird anaerob gearbeitet. Eine weitere Untergliederung beschreibt die dynamische und die statische Ausdauer. Bewegt sich der Trainierende bei einer Übung handelt es sich um dynamische Ausdauer. Wird eine Position oder Spannung vom Probanden gehalten so ist es ein statischer Prozess und damit statische Ausdauer. Die letzte Differenzierung findet in Bezug auf die aufgewandte Zeit statt. Arbeitet der Trainierende zwischen 35 und 120 Sekunden handelt es sich um Kurzzeitausdauer, bei einer Dauer von zwei bis zehn Minuten ist es Mittelzeitausdauer und zum Schluss gibt es auch noch die Langzeitausdauer, wenn eine Belastung im Rahmen von zehn bis 90 Minuten stattfindet (vgl. Eifler, 2016, S.25ff.).

1.2.2 Beschreibung an konkreten Übungsbeispielen

Als Übungen für die Kraftausdauer sehen wir uns zu nächst die Schrittfolge March angeschaut. Hier für marschiert der Trainierende aufrecht auf der Stelle. Der Trainierende schaut außerdem gerade nach vorne und hebt die Knie auf maximal 90 Grad an. Es wird eine natürliche Form der Wirbelsäule gehalten. Hierbei werden primär die Muskeln des Schulter- und Hüftgelenks beansprucht. Während der Übung wird normal weiter geatmet. Diese Übung wird zum Erwärmen über einen Zeitraum von 60 Sekunden ausgeführt. Es handelt sich hierbei um allgemeine Ausdauer, da Schulter und Hüftgelenk mit einem Großteil der Muskulatur arbeiten. Außerdem befinden wir uns mit einer Dauer von 60 Sekunden gerade noch im anaeroben Bereich der Ausdauer. Durch die Bewegung der Schulter und Hüftgelenke wird die Übung als dynamische Ausdauer charakterisiert. Die Übungsdauer beschreibt den March als Übung für die Kurzzeitausdauer. Die zweite Übung nennt sich Tap Front. Hierbei befinden wir uns zunächst im aufrechten Stand mit geradem Blick. Dann tippt der Trainierende mit der rechten Fußspitze vor dem Körper einmal auf. Es findet keine Gewichtsverlagerung statt. Es wird lediglich das Standbein leicht angewinkelt. Dies ist die Endposition. Darauf wir das Bein wieder in die Ausgangsposition gebracht. Selbiges wird darauf mit dem anderen Fuß wiederholt. Hier wird die Oberschenkelmuskulatur beansprucht. Diese Übung dauert 180 Sekunden. Hierbei handelt es sich aufgrund der geringen Muskelbeteiligung an der Gesamtmuskulatur um lokale Ausdauer. Da drei Minuten lang geübt wird ist es außerdem aerobe Ausdauer und auf Grund der Bewegung dynamische Ausdauer. Die Dauer von drei Minuten charakterisiert den Tap Front als Mittelzeitausdauer.

1.3 Beweglichkeit

1.3.1 Definition und beeinflussende Faktoren

Die dritte motorische Fähigkeit nennt sich Beweglichkeit. „Beweglichkeit ist die Fähigkeit, Bewegungen willkürlich und gezielt mit dem erforderlichen bzw. optimalen Schwingungsweiten der beteiligten Gelenke ausführen zu können" (Eifler, 2016, S.29). Beeinflussende Faktoren für die Beweglichkeit können Gelenkigkeit, Dehnfähigkeit, Alter, Geschlecht, Temperatur und Tageszeit sein (vgl. Eifler, 2016, S.30f.).

1.3.2 Beschreibung an zwei konkreten Übungen

Als erste Übung wird die Dehnung der vorderseitigen Oberschenkelmuskulatur im Stand beschrieben. Der Trainierende befindet sich in der Ausgangsposition im neutralen Stand. Dann zieht der Trainierende die Ferse eines Fußes möglichst nah an das Gesäß. Mit der Hand greift er knapp über das Sprunggelenk und die zieht den Fuß noch stärker an das Gesäß. Diese Übung wird durch das Neigen der Hüfte intensiviert und trainiert den Musculus quadriceps femoris. Nachdem die Dehnung vollzogen ist stellt der Trainierende das Bein wieder am Boden ab und wiederholt den Vorgang mit dem anderen Bein. Hierbei wird aktiv statisch gedehnt. Die zweite Übung beschreibt die Dehnung der Nackenmuskulatur im Stand. Die Ausgansposition ist der Stand. Das Ohr zieht zur linken Schulter. Der rechte Arm ist durchgestreckt und die Fingerspitzen zeigen seitlich vom Körper weg. Nun wird der Kopf abwechselnd seitlich leicht zur Schulter geneigt und wieder angehoben. Nach mehrmaligem Wiederholen dieser dynamischen Bewegung wird die Position verlassen und in den neutralen Stand zurückgekehrt. Dies ist eine aktiv dynamische Dehnübung.

1.4 Koordination

1.4.1 Definition und Unterschiede zwischen inter- und intramuskulärer Koordination

„Aus neuromuskulärer Sicht bezeichnet Koordination das Zusammenwirken von Zentralnervensystem und Skelettmuskulatur innerhalb eines gezielten Bewegungsablaufes" (Eifler, 2016, S.32). Wenn man nun die Unterschiede der intramuskulären und der intermuskulären Koordination betrachtet wird schnell klar, dass es sich um zwei verschiedene Arten der Koordination handelt, wobei sich die intramuskuläre Koordination als die gezielte Ansteuerung der einzelnen Muskelfasern auf nervalem Weg beschreibt. Deutlich unterscheidet sich hiervon die intermuskuläre Koordination, da sie die Fähigkeit verschiedener Muskeln möglichst effektiv zusammen zu arbeiten beschreibt (vgl. Eifler, 2016, S.32ff.).

1.4.2 Beschreibung an zwei konkreten Übungen

Die erste Übung mit der die intermuskuläre Koordination geschult werden kann nennt sich diagonales Arm- und Beinheben im Vierfüßlerstand. Die Ausgansposition ist der Vierfüßlerstand. Für die Übung ist das Anheben des linken Armes in Verlängerung des Rückens sowie das Strecken des rechten Beines ebenfalls in Verlängerung des Rückens erforderlich. Danach geht der Trainierende wieder in die Ausgangsposition zurück und wiederholt die Übung mit der jeweiligen anderen Extremität. Diese Übung schult das Zusammenspiel der einzelnen Muskeln im Hüft- und Schulterbereich. Die zweite Übung zur Schulung der intermuskulären Koordination ist die Kniebeuge. In der Ausgangsposition steht der Trainierende etwas breiter als schulterbreit und blickt geradeaus. Die Füße zeigen in Richtung der Knie. Elementar bei der Übung ist ein gerader Rücken. Der Ablauf beschreibt sich durch die Abwärtsbewegung des Gesäßes und die Flexion des Kniegelenks. Sobald sich das Hüftgelenk unterhalb des Kniegelenks befindet ist die Endposition erreicht und es wird eine Extension im Kniegelenk eingeleitet bis die Ausgangsposition wieder erreicht wird. Knie- und Hüftgelenk arbeiten bei dieser Übung unter höchster Beteiligung der intermuskulären Koordination im Oberschenkel.

2 Externe Bedingungen einer Kurseinheit

Im folgenden Abschnitt wird die Planung einer Kursstunde unter den Aspekten Rahmenbedingungen, Zielgruppe und Zielsetzung an Hand von jeweils zwei Beispielen und deren Auswirkungen betrachtet. Eine strukturierte Planung durch den Kursleiter kann maßgeblich die Qualität eines Kurses absichern.

Die Rahmenbedingungen eines Kurses werden durch das Equipment, die Öffnungszeiten der Einrichtung als auch die Musik beeinflusst. Wenn im Inventar einer Fitnesseinrichtung nur 15 Indoor Cycling Geräte sollte kein Kurs für 20 Mitglieder ausgeschrieben werden. Denkbar ist bei einem Erscheinen von mehr Kursteilnehmern als verfügbaren Geräten eine Enttäuschung bei den Mitgliedern ohne Gerät, da keine Teilnahme am Kurs möglich ist. In einem anderen Beispiel, wenn ein Zumba Kurs gegeben wird und keine passende Musik vorhanden ist, wird dies auch für ein Scheitern des Kurses sorgen. Da der Rhythmus für eine Zumba Stunde elementar ist.

Im Voraus sollte bei der Kursgestaltung auch eine klare Zielgruppe festgelegt werden. Die verschiedenen Zielgruppen unterscheiden sich nämlich maßgeblichen in den Erwartungen und Fähigkeiten. Bei einem Kurs für Fortgeschrittene sind wenig intensive und wenig koordinative anspruchsvolle Übungen nicht sinnvoll. Die Kursteilnehmer werden schnell gelangweilt und unzufrieden sein, da sie sich unterfordert fühlen und ihre Erwartungen an den Kurs nicht erfüllt worden sind. Mit der Kursbeschreibung gehen auch einige Erwartungshaltung einher. Es widerspricht der Grunderwartung eines Zumba Kurses, wenn im Kurs anstatt schneller rhythmischer Musik langsame entspannende Musik ohne klar erkennbaren Rhythmus gespielt wird. Es entsteht neben der verfehlten Erwartungshaltung auch die Problematik bei der Durchführung der Schrittmuster, weil der Rhythmus der Musik nicht passt.

Ein weiterer Aspekt der vom Kursleiter klar geplant und definiert sein muss ist die Zielsetzung eines Kurses, welche sich in Marko-, Meso- und Mikrozyklen unterteilt. Das garantiert den Teilnehmern ein qualitativ hochwertiges Training. Es sollte in jeder Kursstunde ein kurzfristiges Ziel vorhanden sein. Wird in einer Kursstunde zum Beispiel ein neues Schrittmuster erlernt ist dies ein kurzfristiges Ziel. Wenn kein kurzfristiges Ziel ausgesucht wird motiviert das die Kursteilnehmer nicht am Kurs teilzunehmen. Außerdem ist eine klare Zielsetzung über einen längeren Zeitraum für einen Kurs notwendig, um den Teilnehmern mit den daraus resultierenden morphologischen Anpassungen einen Mehrwert des Trainings zu generieren (vgl. Eifler, 2016, S.70 ff.)

3   Kursplananalyse

Im folgenden Abschnitt wird der Kursplan des Fitnessstudios FitX in der Filiale München-Neuperlach analysiert. Generell ist der Kursplan in zwei unterschiedliche Muster gegliedert. Das erste Schema ist von Montag bis Freitag und hat zwei Blöcke. Der Erste ist morgens von 10:00 Uhr bis um 11:45 und der Zweite am Nachmittag von 17:00 Uhr bis um frühestens 20:30 spätestens 20:50. Das zweite Schema bezieht sich auf das Wochenende. Hier ist nur ein Block von 11:00 Uhr bis 13:10 oder 13:45. Bei der Analyse betrachten wir zunächst den Aspekt der Wirtschaftlichkeit.

Das Kursangebot hat einen starken Fokus auf intensive Kurse wie Xamba, Tour de X, FatburnX, HIX, CardioBoX, X-Step und X-Jump. In Relation dazu gibt es lediglich drei gesundheits- und präventionsorientierte Kurse wie BodyX, Yogilatix und X-Life. Um eine größere Zielgruppe abzudecken ist eine Ergänzung des Kursplanes um ein bis zwei gesundheitsorientierte Kurse oder Präventionskurse sinnvoll. Ein weiterer Aspekt ist die Auslastung des Kursraums. Das Fitness Studio FitX hat durchgehend geöffnet und täglich ungefähr 5 Stunden Kursraumnutzung. Der Raum ist also ungefähr 19 Stunden jeden Tag ungenutzt. Diese Tatsache spricht gegen jegliche Aspekte der Wirtschaftlichkeit. Aus diesem Grund sollte sich das Unternehmen überlegen die Räumlichkeiten entweder selbst ausgiebiger zu nutzen oder teilweise zu vermieten.

Der nächste Aspekt ist die organisatorische Gestaltung des Kursplans. Wenn man die zeitliche Gestaltung der Kurse in Bezug auf die Zeiten betrachtet ist zu erkennen, dass die Kurse übersichtlich strukturiert sind und meist ausreichende Pausen zwischen den einzelnen Kursen gegeben ist. Lediglich bei der Planung der Tour de X sind zehn Minuten zum Aufräumen der Übungsgeräte knapp bemessen. Der nächste Organisatorische Punkt der betrachtet wird ist sehr gut gelungen. Die Planung des Kurses ist nämlich optimal auf die vermutliche zeitliche Verfügbarkeit der Zielgruppe angepasst. Morgens ist das Programm mit BodyX, Xamba, FatburnX, Yogilatix, X-Life und X-Step auf die Zielgruppe ältere Menschen und Mütter angepasst.

Der dritte Punkt ist die trainingswissenschaftliche Kursplanung. Der Kursplan beinhaltet keine unterschiedlichen Leistungsniveaus für die einzelnen Kurse. Das ist aus trainingswissenschaftlicher Sicht nicht optimal, da Anfänger und Fortgeschrittene in einem Kurs zusammen trainieren. Das führt dazu, dass der Trainer einen gewissen Kompromiss in der Trainingsgestaltung eingehen muss. Der nächste Punkt der betrachtet wird ist die Anpassung des Kursangebots an den Alltag der Teilnehmer. Am besten ist es daher am Abend mit ruhigen Kursen zu enden. Das wurde nicht eingehalten und ist ein Verbesserungsvorschlag. Die ruhigeren Programme morgens passen allerdings optimal unter der Betrachtung des selbigen Aspekts. Außerdem sind die intensiveren Kurse auf den Abend gelegt, was diesem Konzept auch komplett entspricht.

Zusammenfassend kann man sagen, dass nur kleinere Verbesserungen in diesem Kursplan zu finden sind. Gesamt ist der Kursplan sehr abwechslungsreich und bietet eine gute Möglichkeit an sämtlichen Kursen teilzunehmen.

4 Planung einer Wirbelsäulengymnastik

Im Folgenden wird eine Kurseinheit zum Thema Wirbelsäulengymnastik geplant. Die Aspekte Zielgruppe, Material, Stundenplanung und die Begründung der Reihenfolge der Übungen werden hierbei behandelt.

4.1 Zielgruppe

Für die Planung der Wirbelsäulengymnastik ist zunächst wichtig, dass es eine eindeutige Zielgruppe gibt. In dem vorliegenden Fall ist die Zielgruppe auf bis zu 15 Teilnehmer festgelegt. Der Kurs wird für geschlechterunabhängig angeboten. Außerdem handelt es sich um einen Einsteiger Kurs der keine Vorkenntnisse erfordert. Das Alter der Zielgruppe liegt bei 30 bis 40 Jahren. Alle Teilnehmer sind gesund und haben keine Einschränkungen.

4.2 Material

Um am Kurs teilzunehmen brauchen die Teilnehmer angemessene Sportkleidung, ein kleines Handtuch sowie eine Gymnastikmatte.

4.3 Stundenplanung

In den Tabellen sind die Übungen der Aufwärmphase, des Hauptteils und der Cooldownphase beschrieben. Es ist zu beachten das die Stunde nach dem Schema Aufwärmphase, Hauptteil und im Anschluss Cooldownphase stattfindet.

Es ist außerdem zu beachten, dass vor der Aufwärmphase der Trainer die Kursteilnehmer begrüßt. Diese Begrüßung beinhaltet neben der Vorstellung des Trainers auch den Inhalt der Trainingseinheit als auch einen kurzen Hinweis zu den benötigten Hilfsmitteln. Darauf erfolgt die Kursstunde in der genannten Reichenfolge. Nach der Cooldownphase verabschiedet der Trainer alle Kursteilnehmer und weist auf die nächste Kursstunde und eventuell sinnvolle ergänzende Übungen aus der Anlage hin.

Aufwärmphase (9 Minuten)

Ziel der Übung	Übungsbezeichnung / Name der Übung	Übungsbeschreibung	Belastungsgefüge	Bemerkungen/Hinweise
Übergang ins Training, Stoffwechsel anregen,	Marschieren	Die Teilnehmer laufen auf der Stelle	120 Sekunden	Progressive Steigerung der Intensität (Knie höher), Armeinsatz nach 60 Sekunden
Stoffwechsel anregen, variierende Schulter- und Hüftgelenkbelastung	Hampelman	Die Teilnehmer springen rhythmisch auf der Stelle und strecken die Extremitäten ab und ziehen sie wieder an	90 Sekunden	Mittelschnell anfangen, Bewegungsradius progressiv erhöhen
Spezielles Aufwärmen des Hüftgelenks und der Lendenwirbelsäule	Abwechselndes Hüftkreisen	Die Teilnehmer stehen nun auf der Stelle und Kreisen langsam abwechselnde mit einem angewinkelten Bein	12 Wiederholungen pro Seite	Vorsichtig anfangen, individueller Rhythmus,
Spezielles Aufwärmen der Brustwirbelsäule	Rotation des Schultergürtels	Die Trainierenden stehen und fixieren den Hüftgürtel dann erfolgt eine Rotation des Schultergürtels nach rechts/links	12 Wiederholungen pro Seite	Drehung nur soweit wie möglich, Vorsichtig anfangen,
Spezielles Aufwärmen des Schultergelenks	Schulterkreisen	Die Teilnehmer stehen und bewegen die Schultern kreisförmig	120 Sekunden	Schultern lockerlassen und nicht anheben

Tab. 1: Aufwärmphase der Wirbelsäulengymnastik

Hauptteil (27 Minuten)

Ziel der Übung	Übungsbezeichnung / Name der Übung	Übungsbeschreibung	Belastungsgefüge	Bemerkungen/Hinweise
Kräftigung der Brustwirbelsäule	Brustkorbanheben mit Matte	Auf dem Rücken liegend, Matte unter Schulterblätter legen und Brustkorb heben	15 Wiederholungen	Rückengerechtes Hinlegen, Matte einrollen, Kontrollierte Atmung
Kräftigung der Bauchmuskeln	Beinheben	Auf dem Rücken liegend abwechselndes Anheben der gestreckten Beine	3 Sätze zu jeweils 20 Wiederholungen	Kontrolliertes anheben und Absenken der Beine
Mobilisation im Hüftgelenk	Beinrotation	Auf dem Rücken liegend, Beine anwinkeln und Knie auf eine Seite am Boden ziehen	2 Sätze je 10 Wiederholungen pro Seite	Schultern am Boden lassen
Verbesserung der Haltungsmuskulatur im Rücken und Beinbereich, Stabilisationsübung	Hüftanheben	Auf dem Rücken liegen, Unterarme stützen seitlich vom Körper, Beine sind angewinkelt, Hüfte wird angehoben und abgesenkt	3 Sätze zu jeweils 12 Wiederholungen	Kontrollierte Atmung, Bauchspannung halten
Verbesserung der Körperspannung, Stärken der Muskulatur im Lendenwirbelsäulenbereich	Umgekehrter Liegestütz	Auf dem Rücken liegend, Unterarme auf den Boden legen und sich nur durch die Unterarme hochdrücken, Körperspannung halten	4 mal 30 Sekunden lang halten	Körperspannung, nicht durchhängen, Bauchnabel anziehen

Kräftigung der Rückenmuskulatur sowie des Gesäßes	Anheben von Armen und Beinen in Bauchlage	Auf dem Bauchliegen, Anheben von Armen und Beinen, Arme Schulterbreit halten und Beine Hüftbreit	6 mal 20 Sekunden (mit individuellem Schwierigkeitsgrad)	Rückengerecht umdrehen in Bauchlage, verschiedene Niveaus vorgeben (nur Arme oder nur Beine oder diagonal)
Kräftigung der Muskulatur an der Brustwirbelsäule und der Lendenwirbelsäule	Katzenbuckel und Pferderücken	Im Vierfüßlerstand einen Katzenbuckel machen und halten, anschließen in den Pferderücken übergehen	2 Sätze zu jeweils 10 Wiederholungen	Rückengerecht umdrehen und Aufrichten in den Vierfüßlerstand begeben,
Kräftigung des Lendenwirbelsäulenbereichs und des Gesäßes	Beinanheben im Vierfüßlerstand	Im Vierfüßlerstand Bein anwinkeln und anheben dann wieder absenken bis knapp vor dem Boden	2 mal 10 Wiederholungen pro Seite	Hüftbreiter Stand
Kräftigung der Schulter und Hüftmuskulatur sowie des Gesäßes	Diagonales Arm- und Beinanheben im Vierfüßlerstand	Im Vierfüßlerstand linkes Bein und rechten Arm durchstrecken und anheben dann wieder absenken bis knapp vor dem Boden, in der nächsten Wiederholung Arme und Beine abwechseln	3 Sätze zu 12 Wiederholungen	Hüftbreiter Stand, Beine und Arme in Verlängerung der Wirbelsäule
Kräftigung der Rückenmuskulatur, Mobilisation des Schultergelenks	Diagonales Zehenantippen im Stehen	Im Stehen mit der rechten Hand den linken Fuß anzutippen dann andersherum, Beine sind durchgestreckt	15 Wiederholungen	Rückengerecht aufstehen, Hüftbreiter Stand, soweit als möglich ziehen

Tab. 2: Hauptteil der Wirbelsäulengymnastik

Cooldownphase (9 Minuten)

Ziel der Übung	Übungsbezeichnung / Name der Übung	Übungsbeschreibung	Belastungsgefüge	Bemerkungen/Hinweise
Entspannung und Dehnen der Halswirbelsäule	Kinn an Brust ziehen und abspreizen	Die Trainierenden ziehen das Kinn in Richtung Brust und spreizen es wieder ab	90 Sekunde, ungefähr 15 Wiederholungen	Langsame Ausführung, kontrolliert bewegen, eigene Geschwindigkeit
Dehnen des Nackens	Kopf seitlich zur Schulter ziehen	Im Stehen den Kopf seitlich zur Schulter ziehen und entspannen,	10 pro Seite	Soweit herunterziehen bis moderate Spannung vorhanden ist
Dehnen der Brustwirbelsäule	Anziehen der Schulterblätter	Im Stehen Schulterblätter hinter dem Körper zusammen ziehen	20 Wiederholungen	Langsame kontrollierte Atmung, Atmung beobachten Brustkorb anheben
Dehnung Hüfte und Lendenwirbelsäule	Abrollen im Stehen in Richtung Boden	Abrollen der Wirbelsäule im Stehen mit gestreckten Armen	8 Wiederholungen mit Ausharren in der Dehnung	Soweit runter wie möglich, Durchgestreckte Beine
Auslockern und Entspannen der Muskulatur,	Auslockern im Stehen	Alle Gelenke werden nach einander auf Ansage ausgeschüttelt	90 Sekunden	Der Trainier gibt die Gelenke vor
Zurückbringen in den Alltag	Strecken im Stehen	Beine und Arme werden gestreckt	60 Sekunden	

Tab. 3: Cooldownphase der Wirbelsäulengymnastik

14

4.4 Begründung der Übungen aus dem Hauptteil

Übungsbezeichnung	Begründung
Brustkorbanheben mit Matte	Koordinativ sehr simple Übung, geringe Intensität
Beinheben	Koordinativ simple Übung, mehr Muskelgruppen beteiligt als beim Vorgänger, leich erhöhte Intensität
Beinrotation	Im Alltag wenig praktizierte Bewegung, koordinativ mittel anspruchsvoll
Hüftanheben	Erste Übung mit Fokus auf Körperspannung, koordinativ mittel anspruchsvoll
Umgekehrter Liegestütz	Zweite Übung mit Fokus auf Körperspannung, koordinativ schwieriger als Vorgänger Übung, koordinativ anspruchsvoll
Anheben von Armen und Beinen in Bauchlage	Dritte Übung mit Fokus auf Körperspannung, koordinativ anspruchsvollste Übung mit diesem Schwerpunkt
Katzenbuckel und Pferderücken	Wichtige ergänzende Übung, erfordert viel Konzentration für perfekte Ausführung, gute Variation mit vorheriger Übung
Beinanheben im Vierfüßlerstand	Teil 1 der methodischen Übungsreihe im Vierfüßlerstand, koordinativ mittel anspruchsvoll
Diagonales Arm- und Beinanheben im Vierfüßlerstand	Teil 2 der methodischen Übungsreihe im Vierfüßlerstand, koordinativ anspruchsvoll
Diagonales Zehenantippen im Stehen	Koordinativ anspruchsvoll, sehr großer Bewegungsumfang, hohe Intensität

Tab. 4: Begründung der gewählten Übungen

5 Literaturverzeichnis

1.) Eifler, C., (2016) *Studienbrief Gruppentraining 1* (rev.16.019.000), Saarbrücken: Deutsche Hochschule für Prävention und Gesundheitsmanagement mit folgenden Seiten:
  1. Eifler, 2016, S.21
  2. Eifler, 2016, S.21f.
  3. Eifler, 2016, S.24
  4. Eifler, 2016, S.25ff.
  5. Eifler, 2016, S.29
  6. Eifler, 2016, S.30f.
  7. Eifler, 2016, S.32
  8. Eifler, 2016, S.32ff.
  9. Eifler, 2016, S.70ff.

2.) https://www.fitx.de/kurse   (aufgerufen   am   29.04.2017)

6 Abbildungs- und Tabellenverzeichnis

6.1 Abbildungsverzeichnis

Anmerkung der Redaktion: Abbildung wurde aus urheberrechtlichen Gründen entfernt.

6.2 Tabellenverzeichnis